AF537853

MICHAEL ENDE

Ein Mädchen aus Papier

MICHAEL ENDE

Ein Mädchen aus Papier

Traumlieder und Gedichte

THIELE VERLAG

INHALT

TRÖDELMARKT DER TRÄUME

Traumlied 10
Der wirkliche Apfel 12
Der Taschenspieler 14
Kleiner Spuk 18
Des Puppenspielers Traum 21
Das Lied von der Anderwelt 24
Die Ballade vom Seiltänzer Felix Fliegenbeil 26
Trödelmarkt der Träume 30

EIN MÄDCHEN AUS PAPIER

Die Papier-Tragödie 34
Süße Person 38
Das hässliche Mädchen 40
Liebestraum 42
Die Traumfischer 44
Das verlorene Lächeln 47

Die Dame mit der Marionette 48
Don Juans Abschiedslied 52
Erinnerung 55
Was sollen wir tun? 56

LIEDER VON TOD UND LEBEN

Totentanz 61
Das Lied vom Stillschweigen 64
Der Song von der goldenen Wolke 66
Das Lied von der kommenden Eiszeit 70
Lobgesang auf einen Nicht-Erfinder 73

BALLADEN UND MORITATEN

Phantásisches Reiselied 78
Ballade von einem Prinzen aus dem Morgenland 81
Der Ritter im Gewitter 85
Eine unmoralische Moritat 87
Choral für einen Kerzenstummel 90
Die Ballade vom nächtlichen Regen 92

KINDER, LASST UNS UNSINN MACHEN

Gigis Loblied auf Momo 96

Kinder, lasst uns Unsinn machen 99

Sieben alte Kaffeetanten 101

Was das Kind des großen Zauberers Mirakandra in seiner Spielkiste hat 102

WAS IMMER DU ERLEBST

Brief an mein Herz im Exil 106

Der Unsichtbare 109

Das Mädchen Einsamkeit 112

Der letzte Hochzeitsgast 115

Das Lied vom Glück 117

Der Traum vom Fliegen 118

Was immer du erlebst 121

Schluss der Vorstellung 124

TRÖDELMARKT DER TRÄUME

TRAUMLIED

In einem dunklen Lande
aus Asche, Rost und schwarzem Sand,
da steht am toten Strande
ein Baum, verkohlt und abgebrannt.
  Sasawadú! Sasawadú!
Das war mein Vaterland.

Und in den schwarzen Zweigen
ein Vogel, schön wie Sternenlicht,
er sitzt in tiefem Schweigen.
Ich ruf ihn voller Zuversicht:
  Sasawadú! Sasawadú!
Er achtet meiner nicht.

Ich weiß, ich kann nicht leben,
wenn er nicht kommt auf meine Hand,
sein Singen anzuheben –
so sterbe ich im dunklen Land.
    Sasawadú! Sasawadú!
Verdurstet und verbrannt.

Die Nächte meines Lebens
steh ich seither vor jenem Baum.
Mein Rufen ist vergebens,
der schöne Vogel hört mich kaum:
    Sasawadú! Sasawadú!
Das ist ein schwerer Traum.

■

DER WIRKLICHE APFEL

Hommage an Jacques Prévert

Ein Mann der Feder, berühmt und bekannt
als strenger Realist,
beschloss, einen einfachen Gegenstand
zu beschreiben, so wie er ist:
einen Apfel zum Beispiel, zwei Groschen wert,
mit allem, was dazugehört.

Er beschrieb die Form, die Farbe, den Duft,
den Geschmack, das Gehäuse, den Stiel,
den Zweig, den Baum, die Landschaft, die Luft,
das Gesetz, nach dem er vom Baume fiel …

Doch das war nicht der wirkliche Apfel, nicht wahr?
Denn zu diesem gehört das Wetter, das Jahr,
die Sonne, der Mond und die Sterne …

Ein paar tausend Seiten beschrieb er zwar,
doch das Ende lag weit in der Ferne;
denn schließlich gehörte er selber dazu,
der all dies beschrieb, und der Markt und das Geld
und Adam und Eva und ich und du
und Gott und die ganze Welt …

Und endlich erkannte der Federmann,
dass man nie einen Apfel beschreiben kann.
Von da an ließ er es bleiben,
die Wirklichkeit zu beschreiben.
Er begnügte sich indessen
damit, den Apfel zu essen.

DER TASCHENSPIELER

Vor Fortunas Zauberbude
steht ein magerer Kumpan.
Halb ein Magier, halb ein Lude,
preist er seine Wunder an.
Schief der Hut des Herzbezwingers.
Rostig klingt sein Redeschwall.
Auf der Spitze seines Fingers
kreiselt unser Erdenball.

Ihr Damen und Herren, hier könnt ihr mal sehen,
wie Dinge verschwinden und wieder entstehen.
Dort drin ist schon alles parat.
Das Kinderspiel von der Liebe und Treue,
das Sünderspiel von der Schuld und der Reue –
und alles im Taschenformat!

Ernst und heiter sind die Spiele,
bitter oder zärtlich auch.
Für besondere Kunden viele,
andre für den Hausgebrauch.
Schattenspiele sind darunter,
dunkel wie die Nacht der Welt,
andre sind vergnügt und munter,
alles das für wenig Geld.

Der König, die Dame, der Bube, der Weise,
die Liebespaare, die Narren und Greise,
der Teufel und auch der Soldat:
Gemischt ist das Leben nach Fortunas Launen.
Ein Abrakadabra – wer will, der mag staunen!
Und alles im Taschenformat.

Fragt sich auch der Kompetente:
Ist der Zauber nicht Beschiss?
Schreit nicht gleich nach der Polente!
Nichts im Leben ist gewiss.
Darum kann es auch geschehen
und der Fall liegt umgekehrt:
Mancher kauft aus Versehen
schon ein echtes Stück von Wert.

Und zieh ich euch wirklich ein Ei aus der Nasen
und aus dem Zylinder lebendige Hasen,
dann glaubt eben, dass ich es tat!
Uns bleibe der Spielverderber gestohlen!
Ihn soll gleich ein Teufel mit Doktorhut holen –
natürlich im Taschenformat.

Kluge Herrn und schöne Damen,
steinarm oder bettelreich,
kommt in unsre Taschendramen!
Unser Spiel beginnt sogleich.
Eure Tränen, euer Lachen
sind des Gauklers höchstes Ziel.
Ohne euch – was soll er machen?
Tretet ein ins Taschenspiel!

Und sind denn die Spiele der Träume hienieden
so sehr von den Wirklichkeitsspielen verschieden
ums Geld und die Macht und den Staat?
Ihr glaubt nur zu spielen mit Tricks und mit Touren
und dient in dem größeren Spiel als Figuren –
und alle im Taschenformat.

So der magre Kerl dort oben,
der vor jener Bude steht.
Doch man muss den Bürger loben,
der geschwind vorübergeht.
Hört nur nicht auf seine Reden,
lasst euch lieber nicht drauf ein!
Denn zum Partner macht er jeden
seiner Taschenspielerein.

Die Mysterienspiele vom besseren Leben,
die Mysterienspiele vom Fortschrittsstreben,
ihr glaubt dann daran nicht mehr.
Dann zeigt sich Fortuna euch nackt, ohne Hüllen,
dann spielt ihr das Spiel um des Spieles willen
als Taschenspieler wie er.

KLEINER SPUK

Auf dem Speicher nächtens leise
aus der Stille schwebt ein Ton,
spielt die spinnwebfeine Weise
ein verstoßnes Grammophon.
    Und der Walzerklang
    tönt so arm und bang –
ach, das Lied ist längst vergessen schon.

Aus dem Fotoalbum steigen
graue Kinder, Männer, Fraun,
und sie wiegen sich im Reigen,
altertümlich anzuschaun.
    Lange ist es her,
    niemand kennt sie mehr,
und es wogt ihr wisperndes Geraun.

Ihre Namen sind vergessen.
Fragend sehen sie sich an.
»Ich war jemands Kind – doch wessen?«
»Wer war ich?« – »Warst du mein Mann?«
    Und im Schattenkleid
    der Vergangenheit
grüßen sie einander dann und wann.

Stolze Herrn und schöne Damen,
Offizier mit kühnem Blick …
Ach, sie steigen ohne Namen
in das Album still zurück.
    Einen letzten Ton
    schluchzt das Grammophon –
und ins Schweigen sinken Leid und Glück.

DES PUPPENSPIELERS TRAUM

Ein Puppenspieler, auf der langen Reise,
fiel eines Nachts in einen bangen Traum:
Er stand allein auf weitem Erdenkreise,
umgeben rings vom kalten Weltenraum.

Und eine Puppe hielt er in den Händen,
ganz als sein treues Ebenbild gemacht.
Und während er sie ansah mit Befremden,
da schien ihm fast, als habe sie gelacht.

»Willst du dich etwa über mich erheben?«
Die eigene Stimme klang ihm dünn und schrill.
»Ich hab dir nicht erlaubt, von selbst zu leben.
Ich bin dein Herr und führ dich, wie ich will.«

»Nun sollst du tanzen!« sprach er zu der Kleinen
und zog am Faden, wie er's stets getan.
Statt dessen zuckt es selbst ihm in den Beinen,
er fängt zu trippeln und zu springen an.

Er selber muss im Wirbeltanz sich drehen,
er wehrt sich noch und will am liebsten fliehn.
Da hilft kein Fluchen und da hilft kein Flehen,
er muss gehorchen, wie die Fäden ziehn.

»Hör auf!« so schrie er, doch er schrie vergebens;
die Puppe ließ ihn springen all die Nacht
im irren wirren Puppentanz des Lebens,
den er erschaffen hatte und erdacht.

Dann endlich, in der ersten Morgenstunde,
geschah's, dass er erschöpft zusammenbrach.
Da lag er nun im weiten Weltenrunde,
und seine Puppe stand vor ihm und sprach:

»Du bist nichts mehr. Du hast dich weggegeben,
denn deine wahre Seele steckt in mir.
Du schufst mich, Herr, nach deinem Bilde eben,
nun hängst du von mir ab, wie ich von dir.

Man schafft nicht ohne Folgen solche Kinder,
du hast mich schließlich in die Welt gesetzt.
Doch bist du auch mein Schöpfer und Erfinder,
dein eigenes Werk beherrscht dich selbst zuletzt.

Die zarten Fäden, die uns zwei verbinden,
sie fesseln dich, dem kannst du nicht entgehn!
Du schufst mich doch, um dich in mir zu finden?
Nun wirst du nie mehr wissen: Wer führt wen?«

Der Spieler schloss entsetzt die Augenlider,
er wollte nichts mehr hören, nichts mehr sehn.
Als er erwachte, hing die Puppe wieder
an ihrem Draht, als wäre nichts geschehn.

DAS LIED VON DER ANDERWELT

Es gibt einen See in der Anderwelt,
drin sind alle Tränen vereint,
die irgendjemand hätt' weinen sollen
und hat sie nicht geweint.

Es gibt ein Tal in der Anderwelt,
da gehn die Gelächter um,
die irgendjemand hätt' lachen sollen
und blieben stattdessen stumm.

Es gibt ein Haus in der Anderwelt,
da wohnen wie Kinder beieinand'
Gedanken, die wir hätten denken sollen
und waren's nicht imstand.

Und Blumen blühn in der Anderwelt,
die sind aus der Liebe gemacht,
die wir uns hätten geben sollen
und haben's nicht vollbracht.

Und kommen wir einst in die Anderwelt,
viel Dunkles wird sonnenklar,
denn alles wartet dort auf uns,
was hier nicht möglich war.

DIE BALLADE VOM SEILTÄNZER FEILX FLIEGENBEIL

Es war ein Tänzer auf dem Seil
mit Namen Felix Fliegenbeil,
der größte aller Zeiten,
das kann man nicht bestreiten.
Ihm lag nicht viel an Gut und Geld,
nichts an der Menge Gunst,
ihm ging's nicht um den Ruhm der Welt,
ihm ging es um die Kunst.

Schon in der Seiltanzschule war
er bald der Beste in der Schar,
und als ein Jahr vorüber,
war er dem Lehrer über.
Da sagte der in mildem Ton:
»Du Wunderkind, ade!
Ich kann dich nichts mehr lehren, Sohn,
drum geht mit Gott – doch geh!«

So zog er in die Welt hinaus,
wohin er kam, erscholl Applaus.
Die ganze Welt bereist' er
und suchte seinen Meister.
Doch keiner tanzte so genial
die Sprünge des Balletts
hoch droben auf dem Seil aus Stahl
und immer ohne Netz!

Da er den Meister nirgends fand,
beschloss er endlich kurzerhand,
statt andre zu begeistern,
sich selber zu bemeistern.
»Mein Tanz«, sprach Felix Fliegenbeil,
»ist noch kein Meisterstück.
Zwar kann ich alles auf dem Seil,
doch ist das Seil zu dick!«

Drum spannte er von Haus zu Haus
nun einen Draht anstatt des Taus
und übte drauf zu springen.
Das sollte bald gelingen.
Dann nahm er einen dünnern Draht
und einen dünnsten noch –
es dauerte zwei Jahre grad,
dann konnte er's jedoch.

Und schließlich kam das siebte Jahr,
da tanzte er auf einem Haar,
gespannt von Turm zu Turme,
dort schritt er hin im Sturme.
Das Publikum sah schweigend zu
und hielt die Hüte fest.
Dann aber kam der letzte Clou,
der sich kaum glauben lässt:

Denn eines Tags um acht Uhr früh,
da spannt er nichts mehr zwischen sie:
Er tanzte auf der Leere,
als ob da oben etwas wäre!

Hoch überm Abgrund ging er zwar
mit leichtem Tänzerschritt,
doch weil er ohne Halt nun war,
nahm ihn ein Windstoß mit.

Wer weiß, wohin der Wind ihn trieb?
Ein Astronom allein beschrieb,
was er im Fernrohr schaute
im Sternbild Argonaute:
Es sei, sprach er, gewiss kein Traum.
Er habe ihn gesehn,
von Stern zu Stern im Himmelsraum
wie einen Tänzer gehn!

Es war der Tänzer ohne Seil
Mit Namen Felix Fliegenbeil,
der größte aller Zeiten,
das wird man nicht bestreiten.
Ihm lag nichts mehr an Gut und Geld,
nichts an der Menge Gunst,
ihm ging's nicht um den Ruhm der Welt,
ihm ging es um die Kunst!

TRÖDELMARKT DER TRÄUME

Ich war heut auf dem Trödelmarkt der Träume
am Rand der Welt, da gab es allerhand:
Gestohl'nes, Weggeworf'nes und Kaputtes,
Traumzeug aus zweiter und dritter Hand.
Fliegende Teppiche voll Mottenlöcher,
zerbeulte Heiligenscheine, Stern und Zopf,
Luftschlösser ohne Schlüssel, rostzerfressen,
und Puppen, einst geliebt, jetzt ohne Kopf …

Und unter all dem Plunder hab ich plötzlich
auch unsrer Liebe schönen Traum gesehn.
Sein Gold war blind, er war zerbrochen, aber
er war es doch – und war noch immer schön.
Ich hätte ihn dir gern zurückgegeben
und hab den bleichen Kerl danach gefragt.
Er hat mich zahnlos angegrinst, gehustet,
und einen unverschämten Preis gesagt.

Zwar war er's wert – trotzdem hab ich gehandelt.
Der andre schwieg, doch wurde er nicht weich.
So konnte ich den Traum nicht wiederkaufen.
Mir geht's nicht gut. Ich bin mich mehr so reich.
Eins hätt ich gern gewusst, als ich am Ende
mit leeren Händen abgezogen bin:
War er verschenkt – gestohlen – weggeworfen?
Mein Schönes, sag – wie kam der Traum dorthin?

EIN MÄDCHEN AUS PAPIER

DIE PAPIER-TRAGÖDIE

Es war ein Mädchen aus Papier,
ganz weiß und zum Verlieben.
Es hatte keiner noch auf ihr
das kleinste Wort geschrieben.

Das gibt es, glaubt es mir!
Sie war nur aus Papier.
Das gibt es, glaubt es mir!

Da kam ein Junge aus Papier,
ein brauner, weit gereister,
ganz voll Adressen dort und hier,
gestempelt und voll Kleister.

Verzeiht ihm das Geschmier,
er war aus Packpapier.
Verzeiht ihm das Geschmier!

Auch Liebespaare aus Papier,
die können wahrhaft lieben.
Sie hat auf ihm, er hat auf ihr
mit eigner Hand geschrieben:

»Mein Herz gehört nur dir,
bin ich auch aus Papier.
Mein Herz gehört nur dir!«

Doch eines Tages das Unheil naht,
sie litten unaussprechlich:
Ihn rief ein ferner Adressat
und auf ihm stand: »Zerbrechlich!«

»Ich kehr zurück zu dir,
mein Mädchen aus Papier!
Ich kehr zurück zu dir!«

Nun wartete sie jahrelang
und wurde selber gelber.
Und war ihr einmal gar zu bang,
dann las sie auf sich selber:

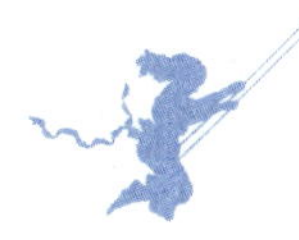

»Mein Herz gehört nur dir,
bin ich auch aus Papier!
Mein Herz gehört nur dir!«

Ein Greis aus einem Zeitungsblatt,
zerknittert und voll Lügen,
der schrecklich viel Papiergeld hatt',
der wollt sie zum Vergnügen.

Sie widerstand der Gier
und war nur aus Papier.
Sie widerstand der Gier!

Das nahm der Alte ihr sehr krumm,
und voller böser Tücke
mit einer Scher' bracht er sie um
und schnitt sie in zwei Stücke.

Worüber lächelt ihr?
Ihr seid nicht aus Papier,
worüber lächelt ihr?

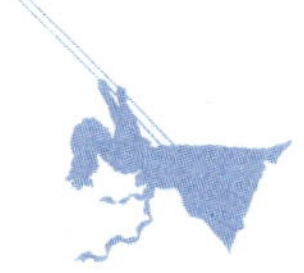

Und als der Liebste aus Papier
zurückkam wie versprochen,
da fand er sie und stand vor ihr
und hat kein Wort gesprochen,

weint keine Träne ihr.
Er war nur aus Papier,
weint keine Träne ihr.

So stand er, bis es dunkel war.
Sein Herz fing an zu brennen.
Und er verbrannte ganz und gar
und war nicht mehr zu kennen.

Dies schwarze Flöckchen hier
war Liebe und Papier.
Dies schwarze Flöckchen hier!

SÜSSE PERSON

Süße Person, komm geh mit mir spazieren!
Im Garten meiner Lügen blüht der Mohn.
Lass dich ein ganz klein bisschen nur verführen,
süße Person!
Ich bin ein Zauberer und guter Laune.
Ein Tischlein-deck-dich? Schau, da steht es schon!
Auf dem Fabrikschlot blas ich dir Posaune,
süße Person!

Ich werde eine Wanderdüne lenken
und geh mit dir als Erster durch das Ziel.
Ich kann dir, wenn du willst, den Nordpol schenken
als Eis am Stiel.

Süße Person, hör zu: Ich bin ein König,
jedoch für dich entsage ich dem Thron.
Rührt so was nicht dein Herz ein ganz klein wenig,
süße Person?

Süße Person, kann Kühnheit dich verführen?
Ich bringe dir den Mond als Luftballon.
Ich würde selbst den Weihnachtsmann rasieren,
süße Person.
Ich raube dir vom Himmel die Juwelen.
Ich breche ein bei Abendstern & Sohn.
Ich will dir vom Saturn die Ringe stehlen,
süße Person.

> Soll ich Rodéo auf Kometen reiten?
> Wir fahren auf dem Karussell der Welt
> durch längst vergangne und zukünftige Zeiten,
> wie dir's gefällt.

Süße Person, du meinst, das sind nur Lügen?
Weißt du's denn nicht? Auch du bist Illusion!
Ich hab dich mir erträumt – nur zum Vergnügen,
süße Person!

■

DAS HÄSSLICHE MÄDCHEN

Mein seltsames Mädchen,
man hat dich von früh an gelehrt,
dass du hässlich bist.

Freilich,
der Weg zu deiner Schönheit
ist keine bequeme Autostraße
für Touristenbusse.

Deine Schönheit
ist eine im Urwald versunkene Inka-Stadt.

Wer sie entdecken will,
muss vieles auf sich nehmen:
Irrwege im Lianengestrüpp deiner Seele,
das Erwachen von Tieren,
deren Namen noch niemand kennt,
und die wilden Regengüsse
deines langen Kummers.

Ich aber
will mich aufmachen,
deine Schönheit zu suchen.
Darum spiele ich nun
die Beschwörungstrommel der Furcht
und der Hoffnung:

Sei mir gnädig,
mein seltsames Mädchen!

LIEBESTRAUM

Ein Jüngling liegt in seinem Bett,
    tralúra lúraléi,
und träumt, dass er sein Mädchen hätt',
    tralúra lúraléi,
er träumt, sie läg in seinem Arm,
ihr Mund ist süß, ihr Leib ist warm.
    Tralúra lúraléi.

Jedoch er selbst ist Traumfigur:
    tralúra lúraléi.
Im Traum des Mädchens gibt's ihn nur.
    Tralúra lúraléi.
Er träumt, sie träumt, er träumte, wie
sie grade träumt, er träume sie.
    Tralúra lúraléi.

Der Fall beginnt mich zu verwirren,
    tralúra lúraléi.
Die Logik runzelt streng die Stirn,
    tralúra lúraléi.
Wir möchten gerne klar verstehn:
Wer von den beiden träumt hier wen?
    Tralúra lúraléi.

Auch ist die Frage nicht mehr weit:
    tralúra lúraléi,
sind beide Traum statt Wirklichkeit?
    Tralúra lúraléi.
Gesetzt, daran sei etwas wahr:
Wer träumt dann unser Liebespaar?
    Tralúra lúraléi.

Die Liebe hat – das sieht man nun –
    tralúra lúraléi,
mit Logik wirklich nichts zu tun.
    Tralúra lúraléi.
Drum lasst uns lieber leise gehen,
um nicht zu wecken – wer weiß wen?
    Tralúra lúraléi.

DIE TRAUMFISCHER

Denk dir: Auf riesenhaften dunklen Schiffen
segeln sie auf das Meer des Schlafs hinaus
bis zu den heimlichen Korallenriffen,
dort werfen sie die langen Netze aus.

Sehr ernste stille Leute sind die Fischer.
Ihr Kapitän ist alt – viel älter noch,
als du dir denken kannst und wunderlicher,
auch ist er blind – und jeder folgt ihm doch!

Er kennt des Schlaf-Meers träumereichste Plätze.
Die Fischer warten, bis er ruft: »Holt ein!«
Dann ziehen sie an Bord die schweren Netze,
gefüllt mit tausend Träumen, groß und klein.

Da blinkt's und zappelt's bunt und vielgestaltig,
auch manches Gräuliche erspäht der Blick.
Gleichmütig lädt die Mannschaft und gewaltig,
nur was zu klein ist, werfen sie zurück.

Die voll beladenen Schiffe endlich laufen
im Hafen ein mit Segeln weiß und schön,
auf einem Markt den Fang nun zu verkaufen.
Dort hab ich alle Träume heut gesehn.

Den allerschönsten – sei er dir gedeihlich! –
Hab ich für dich, mein Liebling, mitgebracht.
Hier, nimm! Du kannst ihn jetzt nicht sehen, freilich,
doch warte nur erst, wenn du schläfst heut Nacht!

DAS VERLORENE LÄCHELN

Als ich heut in heitern Träumen
durch die kalte Herbstwelt zog,
sah ich, wie in kahlen Bäumen
ein verlornes Lächeln flog.

Voller Wehmut war es, trauernd,
halb erfroren, todesmatt.
Und ich fragte es bedauernd,
wer es wohl verloren hat.

Und es flüstert: Wie Sie sehen,
ohne Bleibe ganz und gar,
muss ich sterben und vergehen,
find ich nicht ein Lippenpaar.

Und ich rief's zu mir hernieder,
und ich brachte dir den Fund.
Neu erblühen sah ich's wieder
heute Nacht auf deinem Mund.

DIE DAME MIT DER MARIONETTE

Hör zu, kleine Puppe, ich will mit dir reden.
Ich hab sonst niemand als dich.
Da hängst du an all deinen feinen Fäden.
Wir gleichen uns, du und ich.
Doch du hängst nur an äußeren Fäden, Kleine,
die zerreißen beim kleinsten Stoß.
Aber Fäden, die man nicht sieht, so wie meine,
die wird man nicht so leicht los.

Kannst *du* deine Fäden selber zerschneiden?
Wer weiß, vielleicht tätest du's gern.
Ich kann es auch nicht. So geht es uns beiden:
Wir hängen an unseren »Herrn«.
Da, siehst du, sein Foto. Der Kerl lässt mich tanzen,
und ich springe und tu, was er will,
Ich hab oft so gründlich genug von dem Ganzen
und bin trotzdem gehorsam und still.

Ich hab keinen Stolz, kein Gewissen, kein Meinen
und kein bisschen Selbstachtung mehr.
Ist er *bei* mir, lässt er mich lachen und weinen,
ist er *fort*, bin ich leblos und leer.
Ich habe mich ihm in die Hände gegeben.
Ich weiß nicht, warum und wozu.
Wir haben ein bisschen geliehenes Leben,
wir beide, ich und du.

Aber du hast es besser. Du bist zu beneiden:
Nur ein Spielzeug aus Holz und zum Spaß.
Du weißt nichts von Liebe, vom Unglück, vom Leiden.
Für ihn bin ich nicht einmal das.
Im Grunde bin ich ihm völlig schnuppe.
Warum *hält* er mich trotzdem? Warum?
Er findet doch leicht eine andere Puppe.
Aber mich bringt er nach und nach um.

Ich weiß nicht mehr weiter. Ich kann nichts mehr denken.
Und ich kann mich selbst nicht verstehn.
Ich häng nur noch lose in den Gelenken
und lasse alles geschehn.
Ich wehre mich nicht mehr. Und lässt er mich fallen,
dann klapp ich zusammen wie du.
Dann schmeißt man uns zu den anderen allen
in die Kiste und »Deckel zu!«

Ich rede zu dir, als hättest du Seele
und Herz, und ich nenne dich du.
Und ich weiß doch, wenn ich dir alles erzähle,
es hört mir niemand zu.
Und doch – in gewissen Augenblicken,
wie machst du's? – da tröstest du mich.
Du seltsames kleines Ding aus Flicken,
mein anderes heimliches Ich.

Im Wagen, in dem wir beide wohnen,
da liegt noch beim Reisegepäck
ein ganzer Koffer voll Illusionen,
und so was wirft man nicht weg!
Die Reise geht weiter. Wir bleiben nicht stehen.
Vielleicht wird doch alles noch gut.
Und kann man das Ende der Straße nicht sehen,
dann verliert man noch lang nicht den Mut.

Kleine Puppe, rede ich wirklich ins Leere,
oder kannst du am Ende verstehn?
Jetzt frag ich mich, was ich ohne dich wäre?
Und wer von uns beiden führt wen?
Wer von uns beiden führt wen?

DON JUANS ABSCHIEDSLIED

Zerstampftes Gras. Wein- oder blutbefleckte Linnen.
Des alten Brunnens schwarzer Spiegel friert schon fast.
Nur ein paar Flammenhände winken Lebewohl noch
der Nacht, die sich davonstahl wie der letzte Gast.
Als kühler Frühwind streicht mein Blut durch wüste Zimmer
des Leibes hier, nichts als ein flüchtiger Besuch,
blättert gedankenlos die Seiten hin und wider
in meines Lebens, meines Hirns verbranntem Buch.

Mein Herz, vor Leere leicht, nichts als ein großes Lachen,
gemalt auf einen bunten Jahrmarktsluftballon,
da ich es einmal losließ, ist es mir entflogen.
Ob es noch fliegt? Ist es schon tot? Wer weiß das schon!
Ich will nun gehen. Mich erwartet die Geliebte,
die meine letzte ist und meine erste war,
die ewig unerreichte, Gottes süße Mutter,
das Nichts, in Ungeduld und aufgelöstem Haar.

Groß und mit Sorgfalt schreib ich hier ins schwarze Wasser
verlorne Botschaft, meines Lebens Reim und Rest:
Des Mondes blau und violette Farben waren
das einzig Schöne auf dem langen, düstern Fest,
das ihr mein Leben nanntet. Darum sagt es allen,
die ich mir nahm und die ich dennoch nie besaß:
Ich geh so unberührt, wie ich geboren wurde.
Vergesst mich nun, weil ich euch alle längst vergaß.

ERINNERUNG

So vieles ist uns misslungen,
was bald im Vergessen versinkt.
Was bleibt, sind Erinnerungen
an eine Saite, die klingt,
ehe die Saite zersprungen.

Wie anders hat vieles geklungen,
wenn man für Lebende singt.

Du, fröhliches Königskind,
bist tief in mein Herz gedrungen.
Dein Stern und das Meer und der Wind
halten den Tod umschlungen,
bleiben so schön wie sie sind.

■

WAS SOLLEN WIR TUN?

Wie hat es nur angefangen?
Wir haben uns kaum gekannt.
Wir sind in die Falle gegangen
wie Kinder, Hand in Hand.
Wir stiegen bei günstigen Winden
ins Boot, das »Liebe« hieß.
Wir wollten zu zweit etwas finden,
ich glaube – das Paradies …

Das Schiff ist leider gestrandet,
ich kann dir nicht sagen, wieso.
Nun sind wir woanders gelandet,
der Teufel mag wissen, wo.
Nun sitzen wir Stunden um Stunden
und gehen mit uns ins Gericht.
Wir schlagen uns tödliche Wunden
und tun so, als fühlten wir's nicht.

Wir wollten uns Sonne geben
Und stehen uns nur noch im Licht.
Wir können zusammen nicht leben,
doch ohne dich lebe ich nicht.
Wir können einander nicht retten,
denn wenn sich der eine nur rührt,
dann schmerzen dem andern die Ketten:
Das Herz wird ihm abgeschnürt.

Ich möchte dich gerne beschützen
vor mir und dem Schmerz, der ich bin.
Ich möchte mich zu dir flüchten,
ich habe sonst niemand, wohin.
Ich möchte mich dir überlassen,
um einmal nur auszuruhn
von all diesem Lieben und Hassen –
sag mir, was sollen wir tun?

Mein Liebes, was sollen wir tun?

LIEDER VON TOD UND LEBEN

TOTENTANZ

Der Tod ist kein Reiter auf schwarzem Pferd
und nicht mehr das alte Gerippe.
Er braucht keine Geißel, er schwingt kein Schwert,
er trägt nicht Kapuze, noch Hippe.

Der Tod fährt im Auto mit leiser Musik,
wenn draußen die Nebel brauen.
Er blickt auf die Uhr und lehnt sich zurück:
Er kann seinem Zeitplan vertrauen.

Der Tod reist heute im Düsenjet
mit Komfort über arktische Zonen.
Er schlürft Champagner und lächelt nett
bei den Schwimmwestendemonstrationen.

Der Tod liegt als Glocke über der Stadt
aus Smog und giftigen Gasen.
Du siehst an den Bäumen kein grünes Blatt,
und die Blume vergilbt auf dem Rasen.

Der Tod gibt sich gerne für fortschrittlich aus:
Wenn wir glauben, es ginge uns besser,
kocht er im Labor seine Süppchen aus
und schüttet sie in die Gewässer.

Der Tod spielt mit uns heute »Kopf oder Zahl«
um die Erde, auf der wir wohnen.
Beim Billard ist er ein Meister zumal:
Als Kugeln benutzt er Neutronen.

Der Tod reitet auf einem Laserstrahl,
seine Viren gedeihn in Retorten.
Er hat ein Raketenarsenal
und regiert aus verborgenen Orten.

Wohin wir auch rennen, der Tod ist schon da,
wie die Igel den Hasen jagen.
Und wer's noch nicht hörte, und wer's noch nicht sah:
Die Fische können's ihm sagen.

Wir selber gaben ihm solche Gewalt
wie niemals zuvor auf Erden.
Gott, lehre es uns bedenken und bald,
auf dass wir weise werden.

DAS LIED VOM STILLSCHWEIGEN

Warum ist es heute so stille,
so stille in unserer Stadt?
Weil ein Mächtiger dieser Erde
eine Rede gehalten hat.

Woher kommen die vielen Soldaten,
die Soldaten in unserer Stadt?
Ein General hat es so befohlen,
weil man's ihm befohlen hat.

Woher kommen die vielen Flieger,
die Flieger über der Stadt?
Es gibt nicht Verlierer, noch Sieger
in dem Krieg, der begonnen hat.

Am Ende herrscht wiederum Stille,
da hört man kein fallendes Blatt
auf dem Felde, wo einmal früher
eine Stadt gestanden hat.

Warum war es nur so stille,
so stille in unserer Stadt,
als der Mächtige dieser Erde
seine Rede gehalten hat?

■

DER SONG VON DER GOLDENEN WOLKE

Er war jung und heiß und ein armer Hund
und entschlossen, sein Leben zu leben.
Er war zornig, denn ihm und allen wie er
wurde nie eine Chance gegeben.
Und sah er die glänzenden Wagen an
und die Damen in Abendroben,
dann sagte er laut: Es kommt noch der Tag,
da bin auch ich ganz oben!
Und die Freunde grinsten und lachten ihn aus:
Du wirst auf die Schnauze fallen,
denn wer arm ist, bleibt arm, und wer reich ist, bleibt reich.
Er sagte: Ich zeige es euch allen!

Eine goldene Wolke schwebt droben im Licht.
Ihr Schatten nur macht es so schattig hier.
Doch wer eine lange Leiter hat,
der steigt hinauf zu ihr.

Und die erste Sprosse, auf die er trat,
war ein Freund, von dem er was wusste.
Und als der Freund aus dem Kittchen kam,
da saß er auf dessen Posten.
Und die zweite Sprosse war eine Frau,
die Liebe zu ihm hegte.
Er nahm ihr Vermögen und zeigte ihr noch,
wie man sicher ins Gas sich legte.
Und die zehnte Sprosse: ein Totenschiff,
dessen Rost er übermalte.
Das Schiff ging unter mit vierzehn Mann,
doch die Versicherung zahlte.

Eine goldene Wolke schwebt droben im Licht.
Ihr Schatten nur macht es so schattig hier.
Doch wer eine lange Leiter hat,
der steigt hinauf zu ihr.

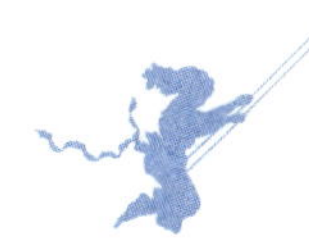

Und die hundertste Sprosse war dann schon
die Ernte von tausend Bauern.
Die Orangen wurden ins Meer gekarrt,
doch ihr Land war danach nicht mehr teuer.
Er lieferte Waffen in manches Land,
wo Schwarze auf Schwarze schossen.
Persönlich hat er die Toten beklagt –
das waren gleich mehrere Sprossen.
Nun ging es im Eiltempo aufwärts mit ihm,
ihm selbst wurde schwindlig, so schnelle!
Von da an blickte er nicht mehr zurück,
er blickte hinauf nur ins Helle:

> Eine goldene Wolke schwebt droben im Licht.
> Ihr Schatten nur macht es so schattig hier.
> Doch wer eine lange Leiter hat,
> der steigt hinauf zu ihr.

So stieg er Sprosse um Sprosse empor –
Und bei jeder fiel es ihm leichter.
Er erkannte sich selber im Spiegel nicht mehr,
als er endlich sein Ziel erreichte.
Da saß er zuletzt im goldenen Licht,
sehr hoch über allem Volke,
und sein Schatten fiel dunkel auf Stadt und Land
zusammen mit dem der Wolke.
Dort, wo er nun war, war es weiß und leer
und kalt wie im hohen Norden.
Er fühlte es nicht, denn er fror nicht mehr.
Er war selber eiskalt geworden.

Eine goldene Wolke schwebt droben im Licht.
Ihr Schatten nur macht es so schattig hier.
Doch wer eine lange Leiter hat,
der steigt hinauf zu ihr.

DAS LIED VON DER KOMMENDEN EISZEIT

Die Kälte wächst. Die Frierenden bedecken
sich mit der Borke von gefällten Bäumen.
Die Menschen flüchten wie in schwarzen Träumen,
sich vor den eignen Schatten zu verstecken.

Vergiftet sind die Nebel an den Tagen.
In Häusern, die im grauen Nirgends schweben,
verwarfen wir die Zeit, die wir noch leben,
beim letzten Feuer aus den letzten Schragen.

Die Uhren stehn schon längst seit jener Stunde,
da unsre Hirne unser Herz verrieten.
Wachsbleiche Mönche, hagre Neophyten,
liegen wir nachts mit Litanein im Munde.

Wir suchen nach dem Ausgang aus den Mauern
der Labyrinthe, drin wir uns verfingen.
Stählerne Geier klirren mit den Schwingen.
Wir schufen sie, dass sie uns überdauern.

Hochhäuser brechen unterm Eis zusammen.
Der Gletscher frisst die Meiler und die Mienen.
Einst schufen wir Gesetze, uns zu dienen,
und sind nun Richter, die sich selbst verdammen.

LOBGESANG AUF EINEN NICHT-ERFINDER

Professor Doktor Hopfer sprach:
»Dem Denker zeigen nach und nach
sich klar des Fortschritts Grenzen,
denn vieles, was die Wissenschaft
hervorbringt, ist höchst zweifelhaft!«
Er zog die Konsequenzen.

Er scheute Mühe nicht, noch Hohn,
und mochte auch Gefahr ihm droh'n
und sein Vermögen schwinden,
er war bei Tag und auch bei Nacht
nur auf sein großes Werk bedacht.
Das war: Nichts zu erfinden.

Nach vielen Jahren harter Fron,
da krönte der ersehnte Lohn
all die Experimente.
Das Folgende erfand er nicht,
obgleich er es (laut Fachbericht)
erfunden haben könnte:

Einen Hund mit Stecker, der automatisch bellt
und den man elektrisch als Wecker stellt.
Eine Pille, die völlig ersetzt, zu ruhn
und mit Schlafen und Träumen die Zeit zu vertun.
Einen Apparat, der Gedichte und Bücher schreibt
und sie selbst auch gleich liest und sich einverleibt.
Ein Gerät, das die Jahreszeiten verhindert,
und Pulver, das böses Gewissen vermindert.
Babys, die keine Eltern mehr brauchen
und alles schon wissen und Tabak rauchen.
Ein Flugzeug, das wirklich gedankenschnell fliegt
und Lärm dabei macht, dass sich Eisen verbiegt.
Nahrung, als Spritze ins Blut gegeben:
Man muss dann ein Jahr nichts mehr essen zum Leben.
Krankheiten, die man per Post verschickt
(wer sie bekommt, wird ganz plötzlich verrückt).
Ein Ding, das den Menschen die Mühe und Art,
einander gern zu haben, erspart.
Eine große Verdummungsmaschine (zum Lenken),
die den Leuten die Lust nimmt, selber zu denken.
Eine Riesenbombe, bei deren Knall
zerplatzt der gesamte Erdenball.
Noch vieles andere könnte man nennen,
doch dies genügt, das Genie zu erkennen!

Gewaltiges tat er, wie man sieht,
auf jedem Wissenschaftsgebiet.
So kann die Welt gesunden!
Ein Vorbild ist er, hoch und hehr:
Kaum einen gibt es, der wie er
so vieles nicht erfunden.

Er hat, indem er's unterdrückt,
die ganze Menschheit sehr beglückt.
Und für sein großes Opfer
verleiht man ihm (soviel ich weiß)
im nächsten Jahr den Nobelpreis.
Es lebe Pipin Hopfer!

BALLADEN UND MORITATEN

PHANTÁSISCHES REISELIED

Tagaus, nachtein
in meiner Sänfte aus bröckelndem Stein
tragen mich Bettelmönche dahin
unterm zerlumpten Baldachin.
Tagaus, nachtein
auf schwankenden Straßen aus Traum und Schein,
durch Nebelschwaden, Regen und Wind
mit tastendem Schritt, ihre Augen sind blind.

Jahrelang verdämmert das Licht.
Näher kommt schon die Dunkelheit.
Wohin sie auch finden, die Reise ist weit,
einzig in meine Heimat finden sie nicht.

Tagein, nachtaus
durchsuchen Soldaten mein leeres Haus.
Sie gehen in meinen Wäldern zur Jagd.
Einhörner schießen sie, ehe es tagt.
Tagein, nachtaus
mit dem Gefieder des goldenen Pfaus,
mit meiner Krone als Beutestück,
todmüde kehren sie wieder zurück.

Sie haben die Traumstadt verbrannt.
Was sie erbeuten, zerfällt im Licht.
Mich ganz alleine, mich finden sie nicht,
finden mich niemals in meinem Heimatland.

BALLADE VON EINEM PRINZEN AUS DEM MORGENLAND

In unserm Viertel in der Stadt
war einer, bucklig und gebückt,
so einer, der kein Alter hat,
und jeder hielt ihn für verrückt.
Er hatte alte Lumpen an,
die trug er wie ein wahrer Gent.
Er grüßte freundlich jedermann
und sprach mit nobelstem Akzent:
Das Heute ist nicht Wirklichkeit.
Wie ihr mich seht, seh ich nicht aus.
Ich leb in einer andern Zeit:
Im Morgen leb ich euch voraus.

Die Leute alle kannten ihn,
doch niemand hat ihn je erkannt.
Und nur die Kinder nannten ihn
den Prinzen aus dem Morgen-Land.

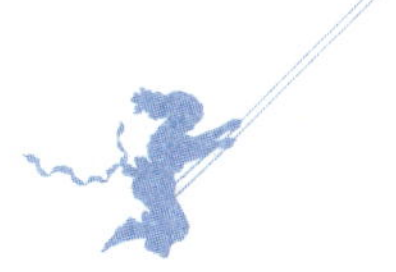

Er fürchtete nichts auf der Welt,
nicht Krankheit, Elend, Alter, Tod.
Er glaubte nicht einmal ans Geld,
selbst wenn ihm einer welches bot.
Von Küchenabfall lebte er
und schlief je nach Gelegenheit –
all das betraf ihn längst nicht mehr,
er war ja nicht in dieser Zeit.
Vielleicht war er als Einziger frei.
Der Menschen Kampf um Ruhm und Macht,
für ihn war all das längst vorbei,
er hat darüber nur gelacht.

Die Leute alle kannten ihn,
doch niemand hat ihn je erkannt.
Und nur die Kinder nannten ihn
den Prinzen aus dem Morgen-Land.

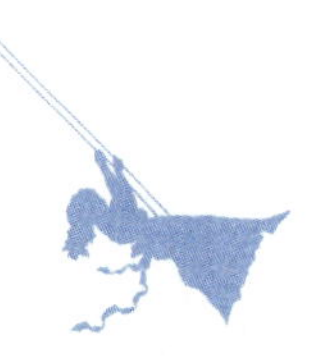

Man fand ihn in der Neujahrsnacht
erfroren auf der Bank im Park.
Man hat die Summe aufgebracht
und kaufte ihm den schönsten Sarg.
Viel Leute zogen still und stumm
beim letzten Weg dann hinterher.
Die meisten wussten nicht warum,
doch schien die Welt ein bisschen leer.
Erst als er nicht mehr warm vielleicht,
gewann er plötzlich Wirklichkeit.
Nun hatten sie ihn erst erreicht,
nun waren sie in seiner Zeit.

Die Leute alle kannten ihn,
doch niemand hat ihn je erkannt.
Und nur die Kinder nannten ihn
den Prinzen aus dem Morgen-Land.

DER RITTER IM GEWITTER

Mitten im finsteren Mittelalter
und obendrein noch um Mitternacht
    Mon dieu!
ritt durch den Urwald der Ritter Walter.
Der Blitz hat gezuckt und der Donner gekracht!
    Parbleu!

Die Tiere in ihren Verstecken horchten
vor Schrecken geduckt auf die Wettergefahr.
    Mon dieu!
Er aber hat sich kein bisschen geforchten,
obwohl seine Rüstung aus Eisen war.
    Parbleu!

Er pfiff sich ein Liedchen und lächelte heiter.
Und war sein Mut wohl so heldenhaft?
    Mon dieu!
Er trug auf dem Helm einen Blitzableiter,
und er vertraute der Wissenschaft.
    Parbleu!

EINE UNMORALISCHE MORITAT

Sie war zwar mit allen Wassern gewaschen,
doch war sie deswegen nicht rein.
Sie stahl ihren Freiern das Geld aus den Taschen
    hallí und hallô!
und legte die Richter herein.

Er war ein noch schlimmeres Kaliber
und mit allen Hunden gehetzt.
Er knackte Safes und spedierte Kassiber
    hallí und hallô!
und lachte immer zuletzt.

Doch eines Tages, da war es geschehen!
Das war, als die beiden sich sahn.
Sie mussten sich ihre Liebe gestehen
    hallí und hallô!
Und sie logen sich gründlich an.

Er sagte, er wäre ein Kaufmann und ehrlich,
und wurde nicht rot dabei.
Sie machte ihm vor, dass sie unentbehrlich
    hallí und halló!
als Sprechstundenhilfe sei.

Und meint ihr, solcherlei falsches Geständnis
kann nicht auf die Dauer bestehn?
Da irrt ihr euch, Freunde: Ein Missverständnis
    hallí und halló!
liegt zugrunde den meisten Eh'n.

So haben sich beide aus zärtlichem Triebe
zu kreuzbraven Bürgern gemacht.
Draus könnt ihr erkennen: Die wirkliche Liebe
    hallí und halló!
ist doch eine Himmelsmacht!

Anstatt ihre Übeltaten zu sühnen,
fuhrn sie bald im Mercedes-Benz.
Sie bewohnten ganz friedlich ein Häuschen im Grünen
    hallí und halló!
und ihr Sohn lernte Juris-Prudenz.

Sie starben dann beide sehr hoch in den Jahren
und noch immer recht glücklich getraut,
denn keiner der beiden hat jemals erfahren,
    hallí und halló!
dass alles auf Sand gebaut.

Die Moral der Geschichte ist vielleicht keine,
doch ich bin zu behaupten bereit:
Und haben die Lügen auch kurze Beine,
    hallí und halló!
sie laufen doch manchmal weit.

■

CHORAL FÜR EINEN KERZENSTUMMEL

Greise Kerze, die du hier
heimlich still und leise
dich verzehrst, ich singe dir
dieses Lied zum Preise.
Kaum ein Tröpfchen blieb dir mehr
über deinem Handeln:
All dein Wachs, du gabst es her,
um es zu verwandeln.

Ausgegeben hast du dich
ganz in Licht und Wärme.
Um dich her versammeln sich
kleine Engelschwärme.
In die Kerzen-Seligkeit
wolln sie dich geleiten.
Goldne Leuchter stehn bereit
in den Himmelsweiten.

Unter all der Sterne Schein,
unseren Trost im Dunkeln,
wirst du bald der Jüngste sein,
ewig dort zu funkeln.
Noch ein letzter Flämmchentanz
wehrt sich zu verschwinden.
Selbst für dich ist es nicht ganz
leicht, sich dreinzufinden.

Nun erlischt das Fünkchen auch,
das ich Gott befehle.
Als ein kleiner weißer Rauch
hebt sich deine Seele.
Geh du ein zur ewigen Ruh,
müd und ausgeglommen.
Könnten wir nur sein wie du,
wären wir vollkommen.

DIE BALLADE VOM NÄCHTLICHEN REGEN

(im Stil des 17. Jahrhunderts)

Ich hab meine Jugend verschlafen,
hab all meine Zeit vertan,
ich hab gewartet auf Was-weiß-ich,
doch lag mir viel daran.

Das Leben geht wie ein Geschwätz,
wie eine Nachtwach auf dem Feld.
Wo ist die Spur vom Tag zuvor,
wenn nachts der Regen fällt?

Ich hab die Menschen betrachtet,
was mancher sprach und trieb.
Ich hab gesucht Ich-weiß-nicht-wen,
hab keinen gewonnen lieb.

Wir sind wie Gras, das früh gemäht,
und wie ein Rauch im kalten Wind.
Wo ist die Spur vom Tag zuvor,
wenn nachts der Regen rinnt?

Ich hab die Bücher studieret,
nach Weisheit viel getracht'.
Ich wollte wissen Ich-weiß-nicht-was,
es hat mir nichts gebracht.

Die Sonne stieg – nun fällt sie schon,
und kehrt zurück an ihren Ort.
Wenn eine Nacht der Regen fällt,
sind alle Spuren fort.

Da sitz ich auf der Stelle,
wo ich am Anfang saß.
Mir ist nicht wohl, mir ist nicht weh,
mir ist Ich-weiß-nicht-was.

Da Salomo es zu End bedacht,
hat er den Leib gepflegt mit Wein.
Wir haschen Wind, und über Nacht
wird keine Spur mehr sein.

KINDER, LASST UNS UNSINN MACHEN

GIGIS LOBLIED AUF MOMO

Wer traurig war, fasst wieder neuen Mut,
wer einsam war, fühlt sich nicht mehr gemieden.
Todfeinde lächeln und sind wieder gut,
wo Zwietracht herrschte, schließt man neuen Frieden.
Und will Verzweiflung, will dich Zorn zerstören:
Geh doch zu Momo! Sage ihr den Grund!
Niemand versteht wie sie dir zuzuhören,
wenn sie dir zuhört, wird dein Herz gesund!

Wer ängstlich war, vollbringt nun frei und kühn,
was er sein Leben lang zu tun versäumte.
Und wer für dumm galt, fühlt Gedanken sprühn,
von denen er bisher nicht einmal träumte!
Die Kinder kommen alle treu-beständig
zu tausend Spielen her von nah und weit.
Momo hört zu – und alles wird lebendig
und das Unmögliche wird Wirklichkeit.

Ich selber hab seit jenem goldnen Tag,
da ich mein erstes Lied ihr vorgesungen,
– erlaubt, dass ich es ganz bescheiden sag! –
zum wahren Dichter mich emporgeschwungen.
Wenn Momo lauscht – ich kann es euch beschwören!
Erwacht in mir ganz einfach das Genie!
Nur Momo ganz allein kann so zuhören,
und niemand, niemand hört so zu wie sie!

KINDER, LASST UNS UNSINN MACHEN

Kinder, lasst uns Unsinn machen,
denn das Schönste auf der Welt
ist es, über nichts zu lachen,
ganz umsonst und ohne Geld.

■

SIEBEN ALTE KAFFEETANTEN

Wenn sieben alte Kaffeetanten
auf einem rosa Elefanten
sich streiten über Klatsch
und jede sitzt in einem Fass –
Ja, was ist denn das? Ja, was ist denn das?
Das ist der reine Quatsch.

WAS DAS KIND DES GROSSEN ZAUBERERS MIRAKANDRA IN SEINER SPIELKISTE HAT

Einen alten Knopf von einer Windhose,
Ein getrocknetes Blütenblatt einer Windrose,
Ein buntes lebendiges Traum-Bilder-Buch,
Einen flüchtigen Gedanken auf Dauerbesuch,
Zwei goldene Haare aus einem Kometenschweif,
Ein schimmerndes Flaumfederchen von Vogel Greif,
Ein Steinchen, das jemand vom Herzen gefallen,
Ein Samenkorn von einem Bäumchen Korallen,
Ein buntes Scherbchen von einem nicht mehr
    benützten Regenbogen,
Ein Strümpfchen von einem Irrlicht, das niemals
    jemand betrogen,
Einen winzigen Luftschlüssel zu einem Luftschloss,
Einen goldenen Hufnagel vom Pegasus Dichterross,
Das Krönchen einer Bienenkönigin,
Eine Sparbüchse mit Sterntalern und Sterngroschen drin,
Eine alte Taschenuhr, die einmal im Leben die
    Wunschstunde schlägt,
Ein Steckenpferd, das einen ins Morgen-Land trägt,

Einen Kompass, der einem immer die Richtung zeigt,
wo man Freunde findet,
Ein Stück roten Faden, der eine sehr lange Geschichte
zusammenbindet,
Einen dicken Kreisel, der manchmal Kinder kriegt,
Einen Luftballon, der nur mit Lach-Gas fliegt,
Ein Taschenspiegelchen, mit dem man manchmal einen
Blick in den Himmel tun kann,
Und ein Püppchen mit einem Kleid aus Glücks-
gespinst an,
Ein Knöchelchen, als Andenken vom freundlichen Tod
verehrt, und
Eine ganz kleine Muschel, in der man das ewige
Sternenmeer singen hört.
Wenn du das alles sähst – du gäbst vielleicht nichts drauf.
Es sieht ganz gewöhnlich aus wie dies und das.
Ich wette, du würd'st es nicht glauben. Doch pass mal auf.
Vielleicht hast du selber so was?

WAS IMMER DU ERLEBST

BRIEF AN MEIN HERZ IM EXIL

Ich weiß, ich hätte zu dir halten müssen,
als sie gekommen sind dich umzubringen.
Ich weiß, ich hätte dich nie verleugnen dürfen,
und wenn es auch mein Leben gekostet hätte.

Damals verbargst du dich. Und ich, ich wusste
Nicht für wie lang. Du bist weit fort geflohen.
Wohin? Du hast mir nie ein Zeichen gegeben.
Was soll ich denn nun ohne dich beginnen?

Ich habe keine Freude, keinen Kummer.
Ich weiß nicht, ob es Frühling oder Herbst ist.
Ich kenne Tag und Nacht an Licht und Dunkel,
aber wem gilt es noch, da du so fern bist.

Das Haus, in dem wir wohnten, steht verlassen.
Das Dach zerfällt, die Fenster sind zerbrochen.
Im finstern Keller nisten Rattenscharen.
Der Garten ist verwildert, die Pfade verkommen.

Die Vögel sind seit langem fortgeflogen.
Das Einhorn lässt sich lang schon nicht mehr blicken.
Es ist sehr still geworden und sehr einsam,
seit damals, als sie kamen dich zu suchen.

Ich werde heute Nacht ans Ufer gehen.
In einer Flasche will ich diesen Zettel
dem Flüsschen übergeben. Seine Wellen
werden die Botschaft, hoff ich, mit sich nehmen.

Vielleicht dass du, einmal, zu später Stunde,
die Bitte aufliest und mir Antwort sendest.
Dass ich dem dürren Apfelbaum im Garten
zuflüstern kann, er dürfe wieder blühen …

■

DER UNSICHTBARE

Es war einmal ein Mann, der war
zu seinem Kummer unsichtbar,
doch war er so nicht immer.
Er war's geworden mit der Zeit,
doch nicht durch Zauber oder Eid,
die Sache stand viel schlimmer!

Vor vielen Jahren war er doch
verhältnismäßig sichtbar noch!
Wodurch sein Bild sich trübte,
das war, dass niemand auf der Welt
sich je zu ihm als Freund gesellt,
der ihn von Herzen liebte.

Doch der, den keiner gerne hat,
der geht vergessen durch die Stadt,
ein Niemand hier auf Erden!
Zuerst vergeht sein Name nur,
sodann verliert er die Kontur –
unsichtbar muss er werden.

So ging der Mann nun stets umher.
Die Leute wunderten sich sehr,
erschrocken oder heiter:
Zwar seinen Anzug sah man gut,
darüber schwebte meist ein Hut,
dazwischen war nichts weiter.

Da ward's ihm eines Tags zu dumm,
er ging zu einem Künstler drum,
ließ eine Maske schnitzen:
»Sie soll«, sprach er, »falls es das gibt,
so schön sein, dass mich jeder liebt,
und muss vortrefflich sitzen.«

Und als die Maske war gemacht,
trug sie der Mann bei Tag und Nacht,
viel Menschen er betörte.
Doch weil's nur um die Maske war,
blieb er in Wahrheit unsichtbar,
was niemand weiter störte.

Er blieb's, bis ihn der Tod entlarvt'.
Ich will aber ganz unbedarft
die Kinderweisheit schreiben:
Sei dankbar jedem, der dich liebt,
sei selber wer, der Liebe gibt –
damit wir sichtbar bleiben!

DAS MÄDCHEN EINSAMKEIT

Du kamst zu mir herauf.
Ich öffnete dein Kleid.
Ich weiß nicht, wie du heißt.
Ich nenn dich »Einsamkeit«.
Nun liegst du da und frierst.
Ich streichle deine Haut.
Du sagst kein Wort, du weinst.
Der Morgen graut.

Zum Dschungel wird der Traum um diese Zeit.
Ins Zimmer wuchern Farnkraut und Liane.
Seltsame Tiere schreien nah und weit
und aus den Uhren kriechen Leguane.

Wir liegen eingerollt
und schlafen endlich ein:
Zwei Tiere wärmen sich
und sind erst recht allein.
Die Lust ist schnell verglüht.
Du nahmst sie ohne Wort.
Nun bin ich aufgewacht,
und du bist fort.

Du gingst so stumm, wie du gekommen bist.
Der Regen schüttelt draußen die Platane.
Ich kann nur warten – gleich, wie spät es ist.
Und aus den Uhren kriechen Leguane.

Im allzu dünnen Kleid
suchst du, was es nicht gibt.
Doch meine Einsamkeit
hat deine fast geliebt.
Im Zigarettenrauch
erscheint mir dein Gesicht.
Hätt'st du das Wort gesagt –
du sprachst es nicht.

Am Fenster wächst ein anderer Dschungel dicht
aus weißem Farn – Eisblumenfiligrane.
Du kommst nicht wieder – und ich warte nicht.
Und aus den Uhren kriechen Leguane.

■

DER LETZTE HOCHZEITSGAST

Das Fest ist schon vorüber.
Saturn löscht alle Lichter aus.
Kalt wird's im Saal und trüber.
Die Gäste gehen nach Haus.

Dein Auge, blind vor Schwere,
erblickt nur noch den schalen Rest.
Du fragst – und fragst ins Leere:
Wann war es denn, das Fest?

Du hast es rasch getrunken,
bist in des Lebens Hochzeitsnacht
am Tisch in Schlaf gesunken
und spät, zu spät erwacht.

■

DAS LIED VOM GLÜCK

Einmal noch
tat sich das Auge des Traumes auf,
und ich sah
den Liebestanz der Kraniche
und lauschte
nur eine winzige Ewigkeit
ihrem Lied.

Aber mein Herz
aus hartem Rosenquarz,
ach, nun ist es mit leisem,
tödlichem Klang
mitten entzweigesprungen.

DER TRAUM VOM FLIEGEN

… und wenn du es wieder mal müde bist,
wie eng und begrenzt dein Leben ist,
und die ganze Erde erscheint dir fast
umsponnen von einem grauen Netz,
in dem du dich hilflos verfangen hast,
ein Netz aus Gewohnheit, Gewalt und Gesetz,
ein Netz aus Grenzen von Staat zu Staat,
Grenzen aus Dummheit und Stacheldraht,
Grenzen des Geldes, begrenzte Zeit
und die Grenzen der eigenen Fähigkeit …
… und wenn du dich wieder mal wund gestoßen
an den Gitterstäben, den kleinen und großen,
und du weißt genau: Du kommst nie mehr vom Flecke,
du bleibst gefangen im engen Raum,
dann hockst du dich nieder in deiner Ecke
und träumst den alten Traum:

Da breitest du weit deine Arme aus
und ein tiefer Atemzug!
Du schwingst dich empor über Straße und Haus
im traumhaften Vogelflug.
Du fliegst und du fliegst und du brauchst kein Ziel,
das Dasein selbst ist Glück!
Keine Grenze dort unten bekümmert dich viel,
du möchtest nie zurück.

Es ist alles so einfach. Du wunderst dich kaum.
Und du weißt in dem Traum: Es ist kein Traum!

Und du fragst dich, warum man es je vergisst,
warum man nicht glaubt daran,
dass man immer so frei wie ein Vogel ist
und in Wahrheit fliegen kann.

WAS IMMER DU ERLEBST …

Der Duft nach dem Regen
 im nassen Kleinmädchen-Haar,
geheime Spiele,
 verboten und wunderbar,
die Angst im finsteren Keller,
 nachts und allein,
der Hund, der getreten wird,
 bloß weil er Hund ist und klein,
der Lehrer, der dich
 gehorchen und lügen lehrt,
der Schrei eines Zugs,
 der mit dir in die Einsamkeit fährt,
die künstlichen Zähne
 im Glas am Bett Onkel Pauls
und der traurige Hut
 auf dem Kopf eines Droschkengauls,
der Freund, der schweigend
 für dich die Prügel bezieht,
und der Feind, der dich hasst,
 nur weil er dich glücklich sieht.

Und jede Einzelheit – denkst du noch dran? –
war einmal wichtig, nichts schien dir banal,
denn alles das erlebt man irgendwann
zum ersten Mal.

Das Geheimnis der Tür,
hinter der jemand Geige spielt,
das Kind, das auf dich
mit dem Spielzeugrevolver zielt,
die Finsternis einer Umarmung,
in der man nicht liebt,
der Hunger nach einer Speise,
die es nicht gibt,
das bezaubernde Lächeln
der Braut im unmöglichen Kleid,
der Arzt, der dir sagt:
»Es war alles umsonst – tut mir Leid«,
das Fischerboot –
und der Meerwind in deinem Haar,
ein Spiegelbild
hinter Flaschen in einer Bar,

das sanfte Licht
    eines Sterns im nächtlichen Blau
und der Schatten von Laub
    auf der Haut einer schlafenden Frau.

Und jede Einzelheit – du denkst nicht dran –
wird einmal wichtig, nichts mehr ist banal,
denn alles das erlebst du irgendwann
zum letzten Mal.

■

SCHLUSS DER VORSTELLUNG

Unser Theater der Witze und Wunder
zeigte euch, was man sonst nirgendwo sieht:
Zauber und Träume und glitzernden Plunder –
  nun kommt das Ende vom Lied.

Einmal noch hebt sich der Vorhang. Die Szene
zeigt Fräulein Plumpsack. Doch schaut, was geschieht!
Seelenvoll tanzt sie drei Sterbende Schwäne.
  Das ist das Ende vom Lied!

Dreimal vergeht sie in lieblicher Klage,
eh' sie gen Himmel der Schwerkraft entflieht.
Dann schwebt das ganze Theater ins Vage.
  Das ist das Ende vom Lied.

Unsere Bühne muss wieder verschwinden,
wie wir sie schufen in Geist und Gemüt:
Was Fantasie und Gedanke erfinden,
  erlischt mit dem Ende vom Lied.

Dunkel wird es, und leer ist die Stätte.
Aber wir haben uns redlich bemüht:
Figuren und Bilder malte Binette
    von Anfang bis Ende vom Lied.

Hat's euch gefallen, dann klatscht in die Hände,
wenn unser Karren von dannen zieht!
Was ihr gehört habt, sind Lieder von Ende,
    und das ist das Ende vom Lied.

■

»ICH WILL DEM LEBEN ZAUBER UND GEHEIMNIS VERLEIHEN.«

MICHAEL ENDE

Mit Michael Ende habe die »deutsch-romantische Seele« wieder einen »Dichter, Seher, Helfer, Wegweiser, Sinngeber« gefunden, was von den großen deutschen Nachkriegsautoren keiner sein wollte, schrieb DER SPIEGEL. In einer zunehmend nüchternen, seelenlosen Zeit war es dieser Schriftsteller, der uns die fast verlorengegangene Reiche des Phantastischen und der Träume zurückgewonnen hat.

Michael Ende gab dem allgemeinen Unbehagen gegenüber Technokratie und Rationalismus eine Stimme. Im Sinne der Romantiker wollte er die Welt wieder mit Poesie aufladen und die wunderbare Wirklichkeit zum Leuchten bringen, die hinter den Dingen liegt.

Für Michael Ende ist gerade das, was den Menschen so ungeheuer kostbar macht, seine schöpferische Fähigkeit: dass aus ihm eine ganz neue Welt hervorgehen kann. Quintessenz eines ungemein anregenden Buches, das uns einen tiefen Einblick in seinen Gedankenreichtum gibt.

Ein überraschendes Buch »vom Mann, der unserer Zeit die Mythen schreibt.« ZEITMAGAZIN

ISBN 978-3-85179-442-7

ISBN 978-3-85179-443-4

Gesamtgestaltung und Satz:
Christina Krutz, Biebesheim am Rhein
Druck und Bindung:
GGP Media GmbH, Pößneck

www.thiele-verlag.com